La Montaña Madre

PUEDES ESCALAR EL MT. EVEREST

Mitch A Lewis
Illustrations By: Stefanie St.Denis

La Montaña Madre
Copyright © 2021 by Mitch A. Lewis

tellwell

Tellwell Talent
www.tellwell.ca

ISBN
978-0-2288-5779-2 (Hardcover)
978-0-2288-5780-8 (Ebook)

Para PL:

Siempre serás mi compañero de montañismo

-incluso aunque no estés conmigo".

EVEREST SUMMIT

HILLARY STEP

SOUTH SUMMIT

BALCONY

CAMP IV
26,300', 8016m

CAMP
21,000', 6

KHUMBU

ICEFALL

BASE

EVEREST NEPAL ROUTE - SOUTH COL

NUPTSE

CAMP III
23,500', 7162M

CAMP I
19,500', 5943M

TOWARDS LUKLA AIRPORT
36 MILES, 50KM

Primera parte- El reto

Érase una vez...

Max y Molly se conocían de antes,
Desde que tenían tres años.
Para ella, él era su hermano del alma y acompañante,
Y para él, la hermana que añoras tener.

Molly era una niña poco femenina; Le
encantaba jugar en las barras.
Correr y saltar la hacía sentirse divina;
Y como prueba, ¡tenía docenas de cicatrices!

Max le encantaba todo tipo de juegos,
Aunque no era el mejor competidor.
Los demás niños con mucho ego;
Le decían que era el más pequeño opositor.

Desde muy pequeños,
El aire libre les encantaba.
Las grandes montañas atrapaban sus sueños:
Junto al fuego comían y acampaban.

Viviendo en el Estado de Washington,

Nunca era muy tarde,

Para admirar las montañas con tanta emoción.

Oh, querían escalar las Cascadas sin mucho alarde.

Max y Molly amaban su colegio;

Sus maestros eran los mejores.

Dándoles consejos, energía y conocimiento - un gran privilegio

Para aprender sobre el Everest sin temores.

GEORGE EVEREST
TENZING NORGAY
EDMUND HILLARY
STACY ALLISON
(1ST AMERICAN WOMAN)
GEORGE MALLORY
THE SHERPAS
EVER

Tan alta como el vuelo de un avión,
Sin plantas, animales o mucho aire.
Miraban las fotos con aspiración,
¡Entonces Max y Molly se propusieron un reto!

"Antes de tener veinticinco,
¡Lleguemos a el pico!
Esto no son invenciones",
La expresión de Max la hizo frenar - atípico.

Max tenía una gran sonrisa.
"No puedo creer lo que dijiste
; Mi mente pensaba lo mismo.
¡Qué bueno que conversamos y lo que expusiste!"

Durante toda la vida,
Entre las risas y los llantos,
Fueron mejores amigos por siempre,
Hasta la Duodécima de Nunca

Montaban bicicleta,
También caminaban,
Y corrían,
Bajo la lluvia y bajo sol mientras reían.

Los mejores amigos en Colinas cercanas comenzaron a escalar,
Escalaron montañas grandes y chicas sin atarear,
Aprendieron todas las técnicas que existían;
Escalando muy alto desde solo un rastreo.

Un día Molly le dijo a Max, mientras comía,
"He estado pensando en ese reto.
Creo que ahora es el momento.

¿Lo hacemos? ¡Somos el par perfecto!"

Max lo pensó y respondió,
"Tendríamos que entrenar muy duro,
Terminar la universidad, y ahorrar dinero para el futuro...
...Hagámoslo, jaja, ¡No soy un cobarde, de eso estoy seguro!"

Aunque estaban asustados, estarían preparados.
Max y Molly tenían los mismos sueños;
¿Les propondría el Everest un alto desempeño?

Segunda parte: Listos de partida

En el aeropuerto con mucho equipaje pesado,
Les esperaba un largo viaje, con un miedo exagerado,
Mientras abordaban el avión,
Sentían una extraña sensación.

Al llegar a Katmandú,
Se quedaron en el Yak and Yeti.
Jaja, justo como la historia que conocían,
¡La habitación del Abominable Hombre de las
Nieves muy acogedora se sentían!

Pronto con el equipo comerían,
En el evento de bienvenida,
El equipo ahora estaba completo.
Sus experiencias en grandes montañas eran algo perfecto.

"La escalada completa llevaría tiempo,
90 días que pasarían lento.
Tendremos que ser muy fuertes,
¡A la montaña no hay que temerle!"

El nombre del guía era Dan;
Más de una vez salvó a los que van.
"Iremos 'paso a paso'...
Lo cual significa ir sin atraso."

El Sherpa de Max se llamaba Lakpa;
Él era de Nepal.
El Sherpa de Molly se llamaba Pemba;
Era joven, esbelto y cordial.

Había porteadores y cocineros,
Para cuidar de los equipos.
(No hacían falta libros, mis amigos).

Carne enlatada y frijoles era los más comido.

Conocieron otros miembros del equipo,
Después de mensajearse desde diciembre,
Hablaban mucho sobre metas en común,
Metas que ardían brillantemente en sus almas, aún.

Con John y Joan,
Vera, Dave, y Chuck,
No estarían solos,
Pero necesitarían tener un buen par de ojos.

El aeropuerto más peligroso del mundo;
En Lukla casi nunca hay suerte.
Aterrizar puede ser bastante fuerte;
El Himalaya te hace querer esconderte.

Aquí es donde la escalada comienza,
Y donde se consiguen provisiones,
La caminata al Campamento Base aquí empieza,
Caminando lento a cumplir las misiones.

Hasta el campamento base: 8.000 pies verticales y 40 millas,
Max y Molly sonreían con cansancio.
"¿Estás bien?" dijo más adelante muy despacio.
"Me duele la cabeza," Él admitió un poco reacio.

"Recuerda lo que dijeron los guías...
Por favor bebe más agua," suplicó.
Luego de discutir por un rato, un poco de agua bebió,
"Ahhhh," ahora me siento mucho mejor.

"El humor cambia a una gran altitud,
Nuestro cuerpo necesita mucho combustible,
Para tener buena actitud",
Él se rió, "¡No hay problema, está todo bárbaro!"

Los yaks cargaban sus cosas;
Sí, estaban un poco de mal humor.
Tú también lo serías si pasaras todos tus días
¡Yendo y viniendo, cargando con fervor!

Max y Molly adoraban los yaks,
Y no solo por llevar sus bolsos.
Los yaks hacían muchas muecas y se veían graciosos,
Los hacían olvidarse de todo lo tenebroso.

Cuando vieron su rostro sonriente,
A través de las nubes que se despejaba,
Supieron decir gracias,
Y ser su versión más fuerte.

Alabándola desde la lejanía,
"Sagarmatha," Lakpa decía.
"Es el nombre local del Everest,
Mucho antes de ser conocida."

"¿Cómo sabían su altura?
No existían el GPS,
En los 1800s," dijo ella con placer,
(Fue entonces cuando llegaron los ingleses a India a medirla)

Los ingenieros utilizaron geometría y triangulación;
No había láseres, sólo visión.
Esto motivó una celebración;
¡El número exacto causó gran emoción!

"¿29.000 pies de altura?
Podemos falsear...
...Y agregar un par de piés,
¡Entonces no sería tan exacto pues!"

Es gracioso como la historia resultó,
No habría dudas de la precisión
Entonces, la montaña se nombró en honor a su estimador
...El Coronel Sir George Everest.

La vida en el Campamento Base era divertida,
Conociendo a los demás.
Ocasionalmente veían el sol,
Entrenándose con sus hermanos y hermanas de montañismo.

Es un lugar muy desolado,
Que para hombres o mujeres no está diseñado.
Normalmente, es un lugar sin gente,
Sólo nieve, hielo, roca y arena, ¡es diferente!

Tendrían que aprender a
Subir las escaleras deformes hasta el final.
La Cascada de hielo de Khumbu escalarían como equipo,
Hacia arriba y hacia abajo con seguridad ellos rezarían.

Se necesita mucha precisión
Para poner tus crampones en el peldaño.
"No mires hacia abajo," Molly vocalizaba esta canción.
Pensando, "Si caes, acá termina tu año."

Para cruzar una escalera,
Debes trabajar en equipo, es importante.
Los amigos se desanimaron
Sabiendo que les faltaba cruzar la veta gigante.

Antes de poder subir,

Se debía realizar el Puja,

Con el Monje Lama según su cultura,

Para mantenerlos a salvo del sol, las tormentas y la lluvia.

En el medio de oraciones serias,

Mientras se decían palabras sagradas,

Escucharon un teléfono con tono de llamada.

¿Su señora quería que trajera pan a casa?

Tercera parte - La escalada

Querían escalar la Cascada de hielo
; Ahora era su momento.
¿Tendrían las agallas?
¡Subir y bajar tres veces debe ser un tormento!

La Cascada de hielo se levantó Se tropezó y calló,
Hasta parecía que posó, Que desastroso se vió.
Se despertaron con fuertes estruendos en la noche.

Las avalanchas venían a todo trote
Con todo su tremendo poder;
Vendrían seracs gigantes a la cascada de
hielo y no había nada que hacer.

Llegar al Campamento Uno en buen tiempo era una meta,
En menos de siete horas;
Con crampones, piolets, y bastones,
Bajo la lluvia de nieve helada en la mayoría de las situaciones.

Llegaron al Campamento Uno a salvo,
Pero su día aún no había terminado,
Se tenían que armar las carpas,
Y moretones y botas deben ser remendados.

El viento frío azotaba a la noche,
Sobre ellos, solo el cielo despejado.
Tenían tiempo para imaginar el miedo
De cruzar el abismo gigante ¡Ay, Dios mío!

Imagínate esto:

Cinco escaleras de aluminio unidas entre sí,

Miles de pies sobre un abismo oscuro.

Si uno cae, estaría perdido para siempre.

Lakpa cruzó hacia el otro lado;
Agarró la cuerda fuertemente sin dudar.
Él sería el que los guiara por este paso,
El de cruzar sin mirar abajo.

Cada uno tomó un par de alientos
Y trataba de no pensar
En todas las personas
Que cayeron por el borde al pasar

Pero siguieron adelante
A través de la Cwm Occidental,
Para llegar cuanto antes,
Como enviados por GrubHub, tal cual.

Es como un cañón/valle;
El cielo, la nieve y el hielo reflejan el calor.
No puedes dejar que el tiempo se te escape;
O tendrás que hacer una retirada rápida con valor.

Ahora se encontraban a tres millas de altura,
Un descanso en el Campamento Dos sería de gran ayuda...
Pero antes deben inclinarse ante la cara de Lhotse,
Casi en línea recta, como se ve tan cruel.

39

Ese día Max se sentía poderoso,
Practicando todo lo que había aprendido.
Pero el cielo estaba gris y enojado...
Amenazando con dejarlo que modo de tanto frío.

Se le dificultaba respirar,
Ya que no había dormido.
Esa noche lo que hizo fue roncar
Y Cheyne-Stokes solo hacía ruido.

Encontró fuerzas, no sabe de dónde,
Para subir y cumplir con la misión.
Pasos de botas gigantes, como de oso corresponde,
Atravesando el frío hielo, sin sentir efusión.

Llegaron al Campamento Tres y Molly echó un vistazo,
"Son veintitrés mil pies de altura,
Pero a la vez, no hay espacio.
¿Cómo se supone que iremos al baño?

"Humm, siendo cuidadosa,
Sin tanta vergüenza,
Literalmente será en nuestras tiendas,"
Dijo sin más.

Utilizaron sus botellas para hacer pipí;
Aprender a hacerlo fue todo un logro.
En cuanto a los métodos para disimular,
El canto era el más poderoso.

Max y Molly cantaban muy alto,
Buscando algo de privacidad.
Oh, cuanto extrañaban el porcelanato;
Como envidiaban a sus amigos de la ciudad

El número uno no era tan sencillo
En una tienda tan pequeña.
En la altura tanta agua les causaba mareo
¡Pero nada peor que el mal de montaña, compañero!

En el Campamento Tres no había inodoro
Lo que significaba hacer del dos en un hoyo.
Luego había que enterrarlo en la nieve,
(Y todos sabrían lo que debajo del mismo hubiere)

Al momento de ir siempre alguien preguntaba
¿Qué tal el inodoro de nieve?
Pasar desapercibido era una tarea complicada,
Una misión que en la pena te envuelve.

"Es hora de volver, hermano."
Volvían y esperaban para aclimatarse,
Así sus cuerpos y cerebros volverían a recuperarse,
Ya que esto no es algo cotidiano.

Continuaban su camino con la meta fija,
El trayecto al Campamento Base tomaría dos días.
Toboganes y escaleras hacia una caída mortal,
Los mantenía alerta, era importante descansar.

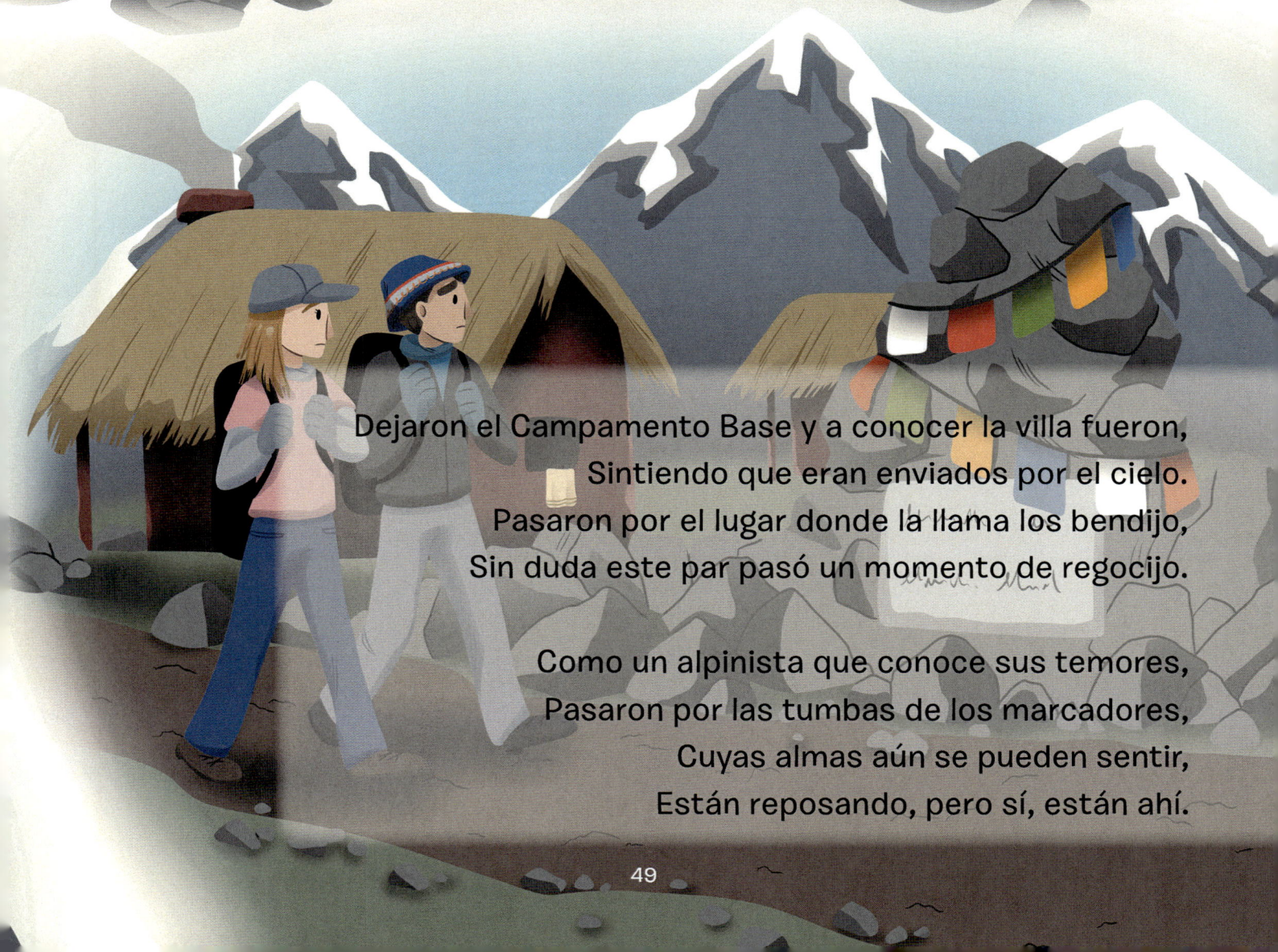

Dejaron el Campamento Base y a conocer la villa fueron,
Sintiendo que eran enviados por el cielo.
Pasaron por el lugar donde la llama los bendijo,
Sin duda este par pasó un momento de regocijo.

Como un alpinista que conoce sus temores,
Pasaron por las tumbas de los marcadores,
Cuyas almas aún se pueden sentir,
Están reposando, pero sí, están ahí.

Antes que nada, fueron por pizza y pastel;
Sus hambrientos cuerpos se negaban a un dedo más mover.
Con la baja altitud la respiración mejoraba
Podían sentir como el paso se normalizaba.

Para volver al Campamento Base debían subir nuevamente,
Los latidos se aceleraban, pero caminando seguían.
Intentaban pensar en metas y objetivos imponentes,
Mientras escuchaban música y continuaban andando.

Esperaron mucho por el pronóstico del clima;

Incluso decidieron tomar una ducha,

Para deshacerse del sudor que traían encima,

El agua era tibia, pero no había mucha.

Por fin llegó la noticia

Pronto podrían continuar su camino.

La travesía apenas inicia, La cima sería su destino.

Cuarta parte - Noche en la cima

Acurrucados como muñecas rusas,
Max dejó un libro a medio leer.
Molly intentó otra de sus llamadas
En sus solitarias tiendas, no lo podían creer.

Salieron al amanecer en el día de las madres,
Comieron su arroz con legumbres sin hambre.
Al mediodía y en silencio sus oraciones rezan,
Para escuchar la advertencia de la montaña y su grandeza.

Volvieron a subir nuevamente,
Y miraron hacia abajo intentando no marearse,
Por tercera y última vez se miraron fijamente.
Tantas subidas y bajadas solo para aclimatarse.

Molly se enfermó, y pudo ser una tragedia,
¿Acaso todo esto podría ser por una bacteria?
El malestar estomacal empeoraba por la altura,
Afortunadamente contábamos con la medicina oportuna.

Cuidadosamente continuaron su camino,
Pensando siempre en la libertad y el futuro,
No era momento de enfocarse en lo negativo,
Y solo entonces notaron inseguros...

... Sagarmatha en toda su gloria,
Brillaba en el crepúsculo sin reproche,
Se convirtió en parte de la historia,
Junto con la llegada de la noche.

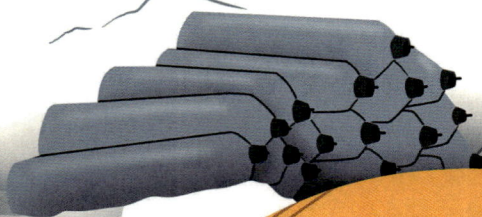

Al fin llegaron al Campamento Cuatro,
A veintiséis mil pies de altura, su nido de campamento
alto. Afortunadamente, permitían al grupo horas de
descanso.

Conocida como la Zona de la Muerte,
Por buenas razones decidieron no quedarse.
Muchos habían tenido la mala suerte,
De pagar el precio por no regresarse.

Max y Molly intentaron comer una última comida,
Para luego atar sus tanques de oxígeno.
Cerraron el trato con un abrazo y una sonrisa,
Y partieron antes de que el miedo llegara deprisa.

¡Era la noche de la cumbre!
Literalmente de vida o muerte,
El fracaso asechaba, como de costumbre,
¿Cuál sería su suerte?

Todos se fueron alrededor de las nueve.
Tenían que volver a tiempo,
Antes de que la tormenta de nieve
Al equipo le causara un contratiempo.

"Aquí arriba no hay clima, francamente."
Dijo Molly, "Estamos a la altura de los aviones jumbo."
El pronóstico es cielos despejados,
Indiscutiblemente una apuesta muy grande.

Al subir por el Collado Sur, hacía buen tiempo, al inicio;
Cielos estrellados y veinte grados bajo cero,
Pero la madre naturaleza sabía su rol desde el principio,
Nos daría una sorpresa, algo severo.

El viento comenzó a aullar con venganza,
Y el cielo se tornó triste y oscuro.
No tenía sentido y perdíamos la esperanza,
Esto no era un paseo en el parque, se los juro.

Estábamos a cuarenta grados bajo cero
(Tanto en grados Fahrenheit como centígrados).
Cortando como un cuchillo las capas del sendero,
El viento, a más de cincuenta millas, punzaba
como agujas en los dedos.

Pronto todo se atestaba de tráfico humano
Justo como el Four-Oh-Five.
Los escaladores se apilaban y se frotaban las manos,
¿Cómo sobrevivirán?

En la Cumbre Sur la mayoría se devolvió,
Con veintiocho mil pies de altura,
El viento del tornado con un fuerte sonido rugió,
Causando en las mentes tortura.

Max y Lakpa, Molly y Pemba continuaron;
Y perdieron el rastro del resto del grupo.
No tenían manera de saber dónde o cuándo
O incluso cómo volver a encontrar el rumbo.

Al llegar al Paso Hillary, famosa zona,
Todas sus preocupaciones volvieron.
Ya que un paso en falso significaría no más ayuda
Y con la tormenta, no hay tiempo para eso.

De repente Max no podía respirar,
"¡Mi oxígeno se acabó!" trataba de expresar.
Pero no había manera de solucionar,
¡Arriba o abajo, debían decidir ya!

Lakpa lo miró a los ojos,
"¿Cómo sientes las manos y los pies?
No había tiempo para enojos,
Max respondió, "están bien".

Lakpa se encogió de hombros.
Por un rato contempló el paisaje.
El cerebro de Max comenzaba con mareos,
¡Todo dependía de él en este momento del viaje!

Continuaron a través del fantasmal amanecer,
Por falta de oxígeno Max empezaba a caer.
Por suerte faltaba poco para llegar a la cima,
De no ser así, su vida perdería.

De repente creyó verla...
¿Acaso esa la cima?
Banderas de oración y ningún punto más alto...
¿Será posible, o mi mente alucina?

Entonces era su deber
Pararse en la cumbre,
Admirar sin creer,
Hasta que ya no deslumbre.

¿Qué hacer una vez en la cumbre?

Lo máximo que podían permitirse eran treinta minutos.

Max debía de alimentarse y capturar esa gran imagen;

¡Gritar de alegría, tomar el O2 de repuesto, y regresarse, absoluto!.

Lakpa tenía otra idea en mente,

Tomó las judías de Max para ofrecer y honrar

A Sagarmatha y Hillary, respectivamente.

Para a la Madre de las Montañas alabar.

Molly y el resto ascendieron justo en ese momento

Entre abrazos de grupo y en especial agradecimiento

A los Sherpas por ayudarlos a no perder el aliento,

Y por hacerlos sentir mejor incluso cuando ganaba el miedo.

Ahora llegaba la parte más peligrosa de la escalada,
Donde muchos escaladores habían muerto,
(Más que en cualquier otro momento,
Ya que el cuerpo está exhausto y la mente
agotada en este momento).

Bajaron dando traspiés por la Cumbre Sur,
Muchas horas hasta el Balcón,
Para finalmente descansar de aquel tour
(Donde Max pudo ir al baño sin presión).

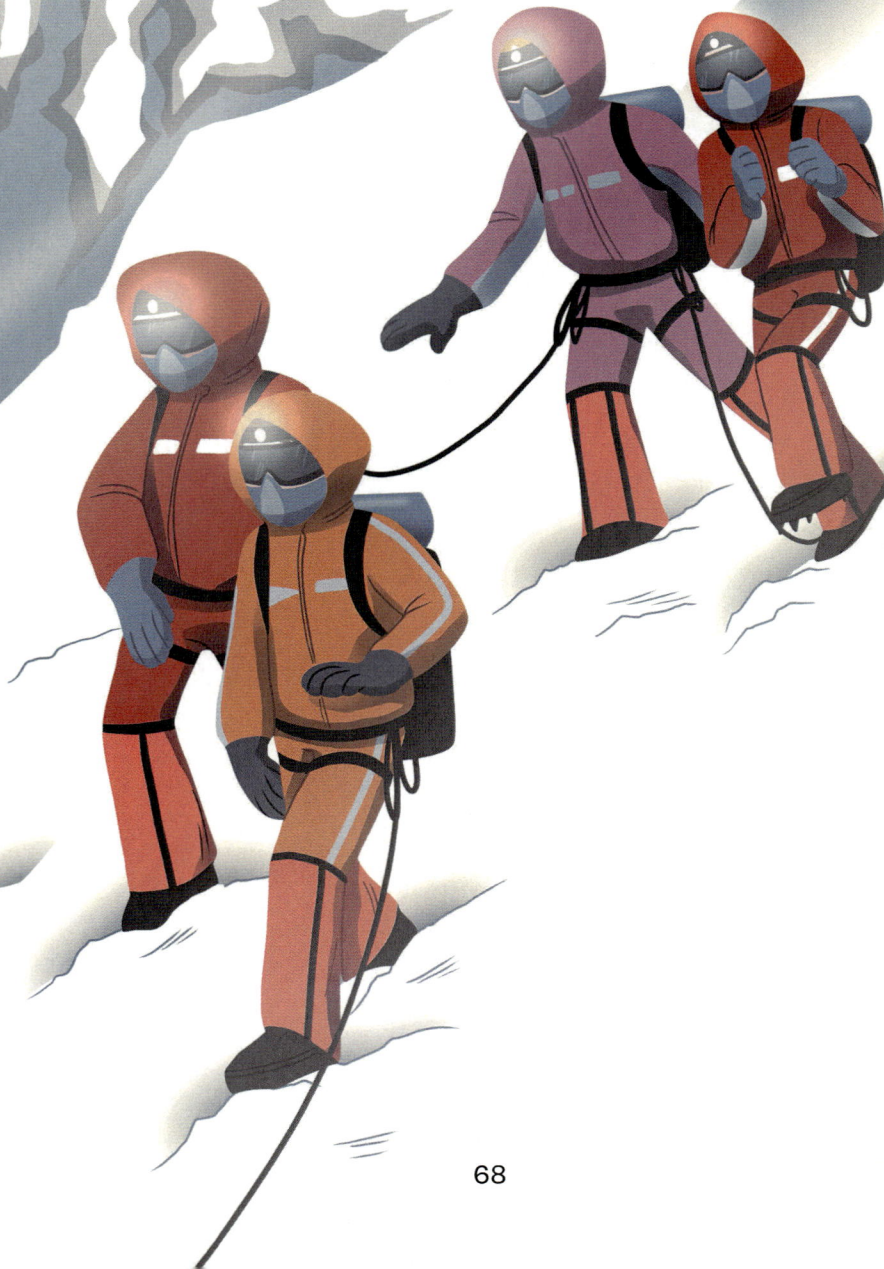

Cuando volvieron al Campamento Alto,
Pensaron que la comida y el descanso serían maravillosos.
El jueves doce, al mediodía la lámpara no se necesitó;
El viernes trece habría sido de mala suerte, y son supersticiosos.

Pero no hay tiempo que perder;
Deben empacar todo y emprender el viaje,
Ya que la naturaleza no conoce de leyes para hacerlas valer,
No se sabe si la próxima tormenta traiga consigo un mensaje.

Pemba y Lakpa pasaron por la tienda;
A estas alturas ya conocíamos nuestros olores.
Max dijo, "Ustedes son los héroes de verdad,
Me salvaron cuando mi tanque de oxígeno
me causó problemas mayores."

Más tarde, mientras se resguardaban del frío,
Molly, con tono de madre, lo miró a los ojos y dijo,
"¿Hermano?" Sus ojos brillaban con lágrimas y una sonrisa;
A través de las millas había conquistado
el miedo que la tenía presa.

"¡Lo hicimos! Increíblemente genial.
No lo hubiese podido lograr sin ti;
Maxie eres muy especial."
Él sonrió desde bajo de sus sabanas hacia mí.

"Mols, mi hermana de otro padre."
Con lágrimas en los ojos por cumplir su objetivo,
Le dijo con una voz dulce y agradable,
"Siempre serás mi compañera de montañismo,
incluso aunque no estés conmigo".

Se abrazaron una vez más antes de llorar;
Luego se acomodaron en sus bolsas para dormir.
Sin antes tomarse un momento para orar,
Y luego acostarse y soñar con nuevas aventuras para vivir...

Y vivieron felices
por siempre.

Fin

73

Canada

Seattle

United States

North Atlantic Ocean

South Pacific Ocean

South Atlantic Ocean

Arctic Circles

China

The Himalayas

Nepal

Pakistan

India

ARABIAN
SEA

Ecuator

INDIAN
OCEAN

ENGLISH	SPANISH
The Mother Mountain YOU CAN CLIMB NOUNT EVEREST Mitch A. Lewis Illustrated by: Stefanie St. Denis	La Madre de las Montañas TÚ PUEDES ESCALAR EL MONTE EVEREST Mitch A. Lewis Ilustrado po: Stefanie St. Denis
Everest Summit Hillary Step South Summit Balcony Camp IV Camp II Khumbu Icefall Base Camp	Cumbre del Everest Escalón Hillary Cumbre Sur Balcón Campamento IV Campamento II Cascada del Khumbu Campamento Base
EVEREST NEPAL ROUTE – SOUTH COL Nuptse Lhotse Camp III Camp I Towards Lukla Airport (36 miles, 50km)	RUTA DEL EVEREST, NEPAL – COLLADO SUR Nuptse Lhotse Campamento III Campamento I Hacia el aeropuerto Lukla (36 millas, 50km)
George Everest Tenzing Nogay Edmund Mallory Stacy Allison (1st American woman) George Mallory The Sherpas	George Everest Tenzing Nogay Edmund Mallory Stacy Allison (1era mujer americana) George Mallory Los Sherpas

Canada	Canadá
Seattle	Seattle
United States	Estados Unidos
North Atlantic Ocean	Océano Atlántico
South Pacific Ocean	Océano Pacífico
South Atlantic Ocean	Atlántico Sur
Arctic Circles	Círculo Polar Ártico
China	China
The Himalayas	El Himalaya
Nepal	Nepal
Pakistan	Pakistán
India	India
Arabian Sea	Mar Arábigo
Ecuator	Ecuador
Indian Ocean	Océano Índico

Made in the USA
Las Vegas, NV
12 September 2021